Naoko Mikami

Exchanging sweet words...
for woodwind instrument and guitar

三上直子
木管楽器とギターのための
甘い言葉をかわして…

GG368

(株) 現代ギター社

GENDAI GUITAR CO.,LTD.
1-16-14 Chihaya, Toshima-ku, Tokyo, Japan

■ 序文

　この作品は、2000年11月13日に行なわれたアサヒビール・ロビー・コンサート「ギター×オーボエ×コンポーザー～委嘱シリーズ第2回」のために作曲しました。クラシックギターの作品は初挑戦でしたので、不慣れなギターを抱えてコードなどを確認しながら楽譜に記した記憶があります。私は4度音程を好んで使用するのですが、ギターの鈴木大介氏から「そういう方がギターの曲を書くのは運命的、ギターが良く鳴る!!」……と仰っていただいたのが嬉しかったのをよく覚えています。オーボエの古部賢一氏とは学生の時以来、久しぶりの再会でしたが、改めて素晴しい演奏に鳥肌が立ちました。作品は、ユニゾンで始まる軽やかな旋律と、それを支えるハーモニーの進行が徐々に変化を遂げ、J.S.バッハの〈シャコンヌ〉へとモーフィングされていきます。

　初演およびアドバイスを頂いた鈴木＆古部の黄金デュオ、そしてこの作品の委嘱にあたり、お世話になった小沼純一氏とアサヒビール芸術文化財団の皆様、また、今回の出版に際してご尽力いただいた全ての方に、この場を借りて御礼申し上げます。

2015年4月
三上直子

Preface

　This work was composed for the Asahi Beer Company Lobby Concert "Guitar × Oboe × Composer: Commission Series No.2", given on November 13, 2000. This was my first time writing for the classical guitar, so I composed with the guitar, an unfamiliar instrument in one hand, checking the harmonies and other details. I like to make much use of the inverval of a fourth, and I was very happy when the guitarist, Mr. Daisuke Suzuki told me: "It is fate for such a composer writing for the guitar... the instrument sounds so good!" I met the oboist, Mr. Ken-ichi Furube for the first time since our student days, but I was deeply moved upon hearing his performance again. The work begins with a graceful melody in unison which, along with the harmonies supporting it, is gradually varied, morphing into J.S. Bach's Chaconne.

　I would especially like to thank the brilliant duo of Mr. Suzuki and Mr. Furube for their first performance and advice, Mr. Junichi Konuma and Asahi Group Arts Foundation for their support in this commission, and everyone involved in the publication of this work.

April 2015
Naoko Mikami

■三上直子　作曲家

　東京藝術大学音楽学部作曲科卒業。第4回「MUSIC TODAY 国際作曲コンクール」入選。イタリア34°Nuova Consonanza 参加。神奈川芸術文化財団をはじめとした新作の委嘱。2004年度PTNA新曲課題曲作品賞（特級）。『First Impression』（カワイ出版）、『小さい手のピアニスト』（ヤマハ・ミュージックメディア）他著書多数。2010年より久木山 直氏とのデジタルコンポーザーユニット"Dual_N"の活動を開始。2015年 Dual_N『Shape of time』CDリリース（ALM RECORDS）。現在、洗足学園音楽大学、尚美学園大学、尚美ミュージックカレッジ専門学校、埼玉工業大学、各講師。

Naoko Mikami Composer,

　Studied composition at the Faculty of Music at Tokyo University of the Arts. Prize winner at the 4th MUSIC TODAY International Composition Competition. Attended the 34th Nuova Consonanza (Italy). Has written works on commission, notably for Kanagawa Arts Foundation. Awarded the composition award (Highest Quality) for the 2004 PTNA New Compulsory Piece. Many publications including First Impressions (Kawai Publishing) and Chiisai Te no Pianist (Pianist with Small Hands) (Yamaha Music Media). Formed the digital composer unit "Dual_N" with Naoshi Kukiyama in 2010, releasing their album "Shape of time" (ALM RECORDS) in 2015. She is currently lecturer at Senzoku Gakuen College of Music, Shobi University, Shobi Music College and Saitama Institute of Technology.

Exchanging sweet words...
甘い言葉をかわして…

Naoko Mikami

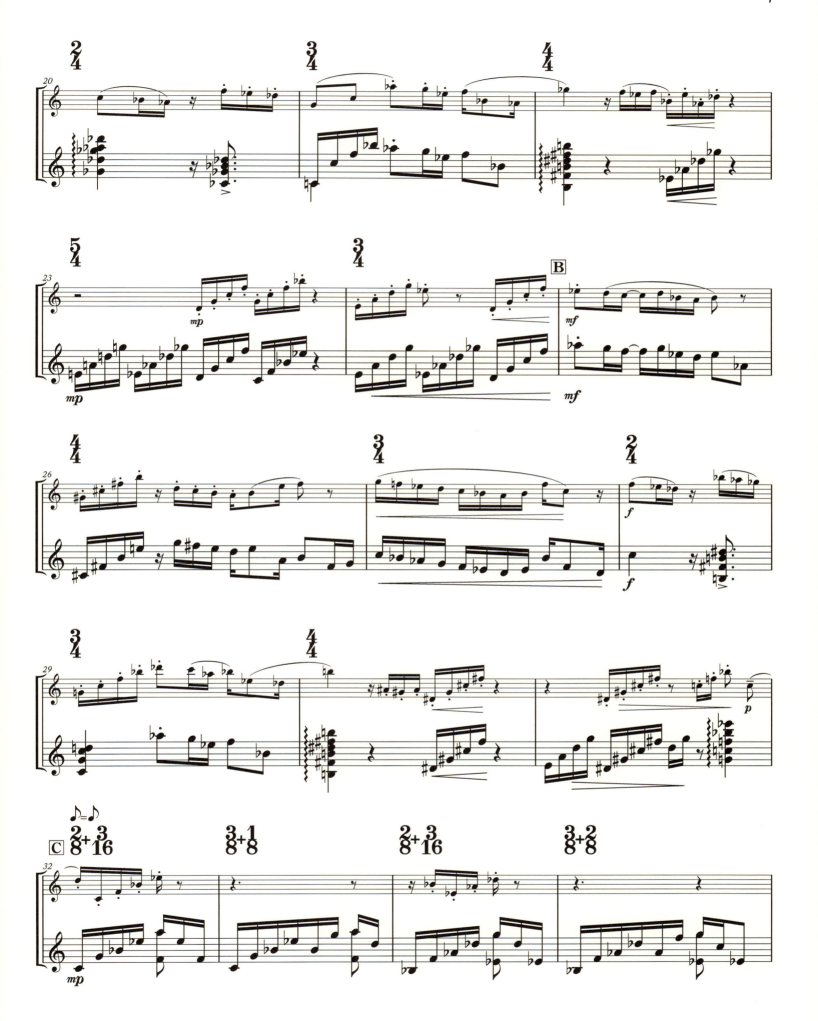

10

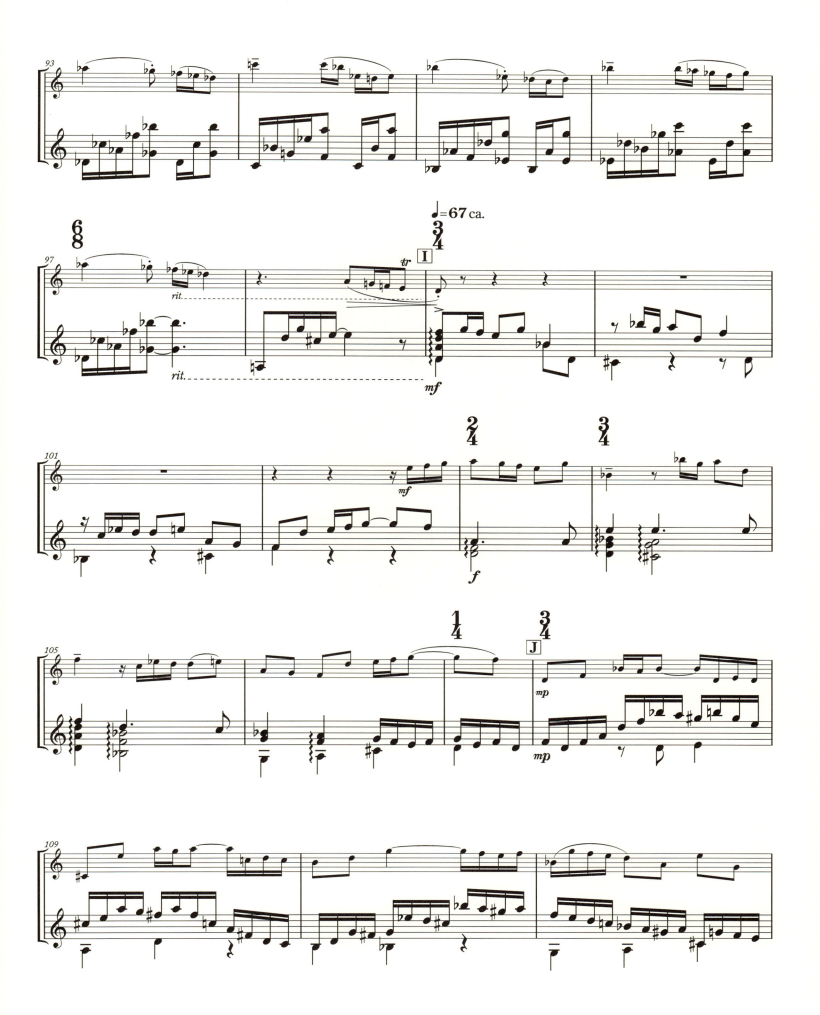

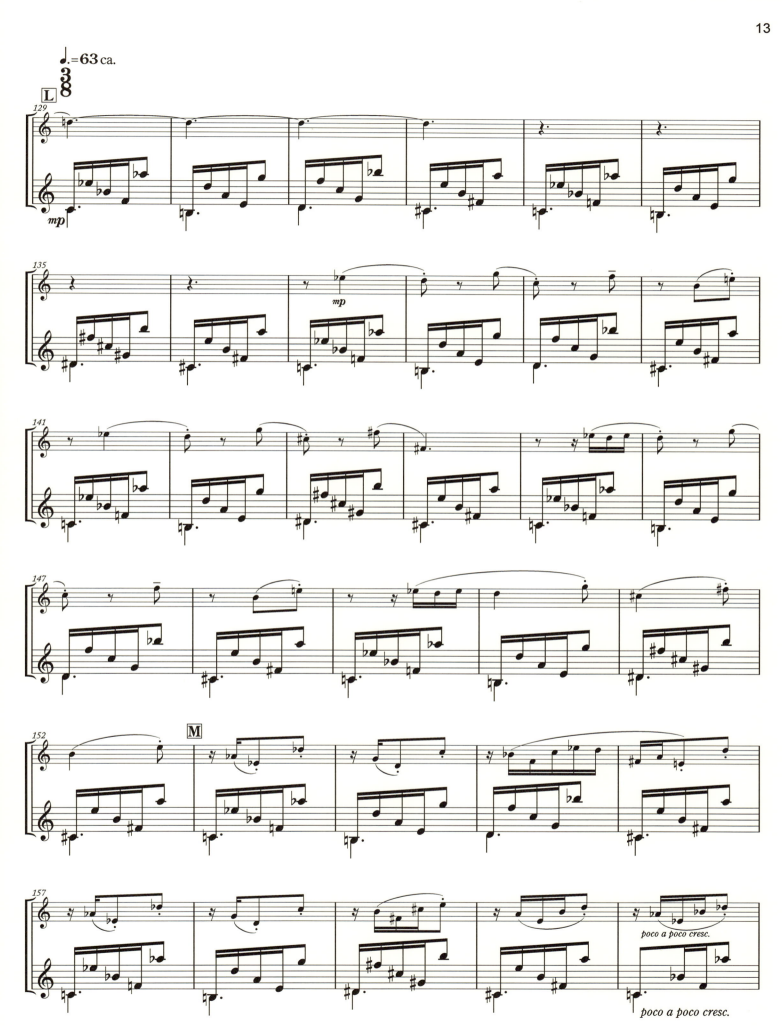

現代ギター社の出版物

●アサヒビール・コレクション

- GG360　寺嶋陸也：ギターとピアノのためのエクローグ第1番　　　　　　¥1,400+税
- GG361　野澤美香：ギターとピアノのパードバリ　　　　　　（近刊）
- GG362　宮木朝子：ギターとピアノのためのロスト・ソング　　　　　　¥2,000+税
- GG363　フェビアン・レザ・パネ：ギターとピアノのための織りなす魔法の踊り　　　　　　¥2,400+税
- GG364　香取良彦：ギターとピアノのための二重奏　　　　　　¥2,000+税
- GG365　藤井郷子：木管楽器とギターのための Daydream　（近刊）
- GG366　沢田穣治：木管楽器とギターのための NANA　¥2,000+税
- GG367　上野耕路：木管楽器とギターのためのトランキュリティ　　　　　　¥2,000+税
- GG369　一ノ瀬 響：管楽器とギターのための Points & Lines　　　　　　¥2,000+税

GG182　ジュリアーニ：フルート（ヴァイオリン）とギターのための作品集 Vol.1
変奏とポロネーズ Op.24a，レントラーによる6つの変奏 Op.63，6つの変奏曲 Op.81，ロッシーニのオペラ「セミラーミデ」より"なんと寂しげなうめき声" WoO。スコア＆Flパート譜＆Vnパート譜。P.L.グラーフ＆加藤政幸・編　　¥2,600+税

GG183　ジュリアーニ：フルート（ヴァイオリン）とギターのための作品集 Vol.2
協奏風大二重奏曲（軍隊風ロンド付）Op.52，変奏曲 Op.84，協奏風大二重奏曲（ソナタ）Op.85。スコア＆Flパート譜＆Vnパート譜。P.L.グラーフ＆加藤政幸・編　　¥2,900+税

GG235　シューベルト＝ベーム：6つの歌曲／6つの歌曲（おやすみ／菩提樹／漁師の娘／セレナード／海辺で／鳩の便り）。スコア＆Flパート譜。佐々木 忠・編　　¥2,100+税

GG316　グリーグ：フルートとギターのための15の抒情小品集
アリエッタ Op.12-1，ワルツ Op.12-2，妖精の踊り Op.12-4，民謡 Op.12-5，ノルウェーの旋律 Op.12-6，アルバムの綴り Op.12-7，山の夕べ Op.68-4，ワルツ Op.38-7，郷愁 Op.57-6，悲歌 Op.38-6，羊飼いの少年 Op.54-1，メロディー Op.47-3，小人の行進 Op.54-3，思い出 Op.71-7，ハリング Op.47-4（グリーグ）。T.ミュラー＝ペリング・編　　¥2,500+税

GG332　ドヴォルザーク：フルートとギターのためのソナチネ Op.100／松居孝行，服部牧人・編　　¥1,800+税

GG151　二橋潤一：7つの肖像（ヴァイオリンとギターのための）
パヴァーン～ダウランドの肖像，ノベレッテ～シューマンの肖像，舟歌～メンデルスゾーンの肖像，前奏曲～バッハの肖像，バラータ～ランディーニの肖像，行進曲～プロコフィエフの肖像，シシリエンヌ～フォーレの肖像。スコア＆パート譜。　　¥1,800+税

GG199　ヴァイオリンとギターのためのヴァイオリン名曲集 Vol.2
序奏とロンド・カプリチョーソ（サン＝サーンス），愛の喜び／愛の悲しみ／美しきロスマリン（クライスラー），ラルゴ（バッハ）。スコア＆パート譜。原 善伸＆島根 恵・編　　¥2,200+税

GG258　ドヴリース：ディヴェルティメンティ・ア・デュエ（ヴァイオリンとギターのための）
ディヴェルティメンティ・ア・ドゥエ（序章，ワルツ，カフェ・コンサート，マルシア，フィナーレ）。スコア＆Vnパート譜。　¥1,600+税

GG266　佐々木 忠：ヴァイオリン（フルート）とギターのための2つの日本の歌
砂山，松島音頭。　スコア＆パート譜。　　¥1,500+税

GG178　マンドリンとギターのための名曲集 Vol.1
アレグロ～マンドリン協奏曲ハ長調より（ヴィヴァルディ），ロンド～アイネ・クライネ・ナハトムジーク KV525 より（モーツァルト），官僚的なソナチネ（サティ），エスコヘガンド（ナザレ），スペイン奇想曲（ムニエル）。スコア＆マンドリン・パート譜。永塚 節・編，竹内郁子・監修　　¥2,400+税

GG249　マンドリンとギターのためのマリオネット作品集2
虹色の空へ，航海王子，ラティーナの誘惑，遠い海の記憶，お嬢様の秘密。スコア＆マンドリン・パート譜。　　¥2,000+税

GG283　マンドリンとギターのためのブラジル音楽集
ブレジェイロ（ナザレー），郷愁のショーロ（バリオス），ショーロス第1番（ヴィラ＝ロボス），ティコ・ティコ（アブレウ），嵐のような口づけ（ナザレー），あの頃は（ピシンギーニャ＆ラセルダ），郷愁（カラード），カリニョーソ（ピシンギーニャ），カバキーニョ，お前を捕まえた（ナザレー）。スコア＆Mandパート譜。平倉信行＆濱野高行・編　　¥2,400+税

木管楽器とギターのための
甘い言葉をかわして…
三上直子●作曲

定価［本体2,000円＋税］
GG368

Exchanging sweet words...
for woodwind instrument and guitar
Naoko Mikami

2015年5月30日初版発行
発行元●株式会社 現代ギター社
〒171-0044 東京都豊島区千早1-16-14
TEL03-3530-5423　FAX03-3530-5405
無断転載を禁ず
印刷・製本●錦明印刷 株式会社
装幀●佐藤朝洋
浄書・版下●Woodnote Studio
コード番号●ISBN 978-4-87471-368-6　C3373　¥2,000E

© Gendai Guitar Co., Ltd.
1-16-14 Chihaya, Toshima-ku, Tokyo 171-0044, JAPAN
http://www.gendaiguitar.com
1st edition: May 30th, 2015
Printed in Japan

楽譜や歌詞・音楽書などの出版物を権利者に無断で複製（コピー）することは、著作権の侵害（私的利用など特別な場合を除く）にあたり、著作権法により罰せられます。
また、出版物からの不法コピーが行なわれますと、出版社は正常な出版活動が困難となり、ついには皆様方が必要とされるものも出版できなくなります。
音楽出版社と日本音楽著作権協会（JASRAC）は、著作者の権利を守り、なおいっそう優れた作品の普及に全力をあげて努力してまいります。どうか不法コピーの防止に、皆様方のご協力をお願い申し上げます。

(株)現代ギター社
(社)日本音楽著作権協会